ESPRESSO BASICS

Die Siebträgermaschine verstehen

KAFFEEOTHEK

ESPRESSO BASICS

Die Siebträgermaschine verstehen

Kaffeeothek – Stefan Grillmair

Verlag: Kaffeeothek, Wels

Autoren: Stefan Grillmair, Ines Grillmair, Anna Lattner, Nathanael Leiss

Gestaltung: Melanie Mitter, Nicole Jauernig

Bestellung und Vertrieb: Nova MD GmbH, Vachendorf

www.kaffeeothek.at

bohne@kaffeeothek.at

ISBN: 978-3-96966-395-0

INHALTE

EINLEITUNG

Liebe Kaffeegenießer!

Es freut uns sehr, dass du dich für die Kaffeezubereitung und Espressoextraktion interessierst. Uns ist es ein Anliegen, bei all der Komplexität, die die Kaffeewelt und Bedienung einer Siebträgermaschine mit sich tragen, guten Kaffee als etwas Spannendes und Verständliches zu vermitteln.

Denn Genuss kommt durch Qualität und die Zubereitungsmethode ist Teil des Weges zum besonderen Kaffeegenuss, welcher nicht unnötig verkompliziert werden soll. Aus diesem Grund haben wir uns bemüht in diesem Buch die Grundlagen der Bedienung einer Siebträgermaschine auf das Wesentliche zusammenzufassen, wenn es auch auf den ersten Blick sehr umfangreich erscheint.

Damit du schnellstmöglich zu einem großartigen Ergebnis kommst, ist es entscheidend, das Grundprinzip der Espressoextraktion zu verstehen, egal welchen Siebträger du bedienst. Denn am Ende geht Probieren über Studieren.

Genieße deinen Kaffee, den du mit Wissen und Liebe zubereitest!

Wir wünschen dir viel Freude!

Ines & Stefan Grillmair und das Kaffeeothek Team

DIE BOHNE

Es geht um die Bohne. Herkunft, Sorte, Aufbereitung und Röstung entscheiden noch vor der Zubereitung, was später in der Tasse ankommt.

ES GEHT UM DIE BOHNE

Kaffee gehört zur Familie der Rubiaceae und wird in viele Arten unterschieden, die 4 bekanntesten sind: **Arabica, Canephora, Excelsior und Liberica**.

Excelsior und Liberica sind heute wenig verbreitet. **Robusta**, weitläufig bekannt, ist eine Unterart des Canephora. **Arabica** ist die am weitesten verbreitete Art. Für den Weltmarkt interessant sind Arabica und Robusta.

Die Hauptarten unterteilen sich weiter in Varietäten, vergleichbar mit den Wein-Rebsorten. Zum Beispiel: **Bourbon, Typica,** Geisha, Catuai oder SL34 sind Varietäten von Arabica bzw. Old Paradenia oder SLN274 bei Robusta.

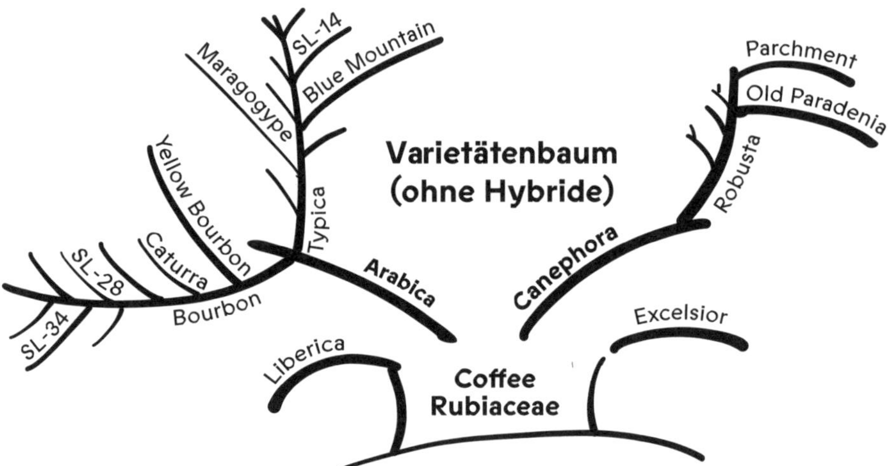

Arabica ist allgemein als **aromatisch, elegant,** und **komplex** zu bezeichnen und hat einen höheren Säuregehalt als Robusta.

Form: flach, oval

Robusta hat einen höheren Koffein- und Ölgehalt. Sehr wenig Säure. Er ist **erdig, würzig,** und hat einen **ausgeprägten Körper**.

Form: rund, kugelförmig

Ein **Blend** ist eine Mischung bzw. Cuvée des Rösters, bei dem Bohnen aus unterschiedlichen Ländern oder Regionen gemischt werden, um einen bestimmten Stil oder Geschmack zu kreieren.

Ein **Single Origin** Kaffee stammt aus einem definierten Gebiet (Land oder Region), im engeren Sinn oft von nur einer Kooperative oder Farm. Dieser Kaffee soll seine Herkunft und Terroir in der Tasse zeigen. Es ist üblich, dass diese Kaffees ein „gemischter Satz“ mehrerer Varietäten sind, kann aber zusätzlich auch ein „Single Variety“ aus nur einer Varietät sein. Bezeichnungen wie „Single Region“, „Microlot“, „Single Finca“ oder Regionsbezeichnung wie „Yirgacheffe“ oder „Sidamo“ weisen auf einen Single Origin Kaffee hin.

Die Kaffeepflanze gedeiht in den warmen Gebieten innerhalb des 20. Breitengrades nördlich und südlich des Äquators, rundum den ganzen Globus. Die **Höhenlage** hat dabei einen Einfluss auf die qualitative Vegetation. In höheren Lagen wächst die Kaffeepflanze langsamer, zusätzlich sind Tag-/ Nacht-Temperaturunterschiede markanter, was in komplexeren Kaffees resultiert. Dies trifft auf Kaffees der Arten Arabica (bis zu 2300 m) zu, da Robusta (bis 800 m) generell niedriger wächst. Je niedriger der Kaffee wächst, desto geringer ist die Dichte der Kaffeebohne, das ist auch in der Mühle bemerkbar. Das heißt also vereinfacht gesagt, je höher der Robustaanteil in einem Kaffeeblend ist, desto feiner muss man mahlen (siehe S. 56).

Die Kaffeepflanze wird **ungleich reif**, daher kann man hochwertige Kaffeebohnen nur händisch in mehreren Erntedurchgängen pflücken. Die

Aufbereitung nach der Ernte beschreibt den Weg von der feuchten Kaffeekirsche, zur trockenen und reisefähigen Bohne. Dabei unterscheidet man folgende Methoden, die in der Praxis viele feine Abwandlungen kennen:

- **Washed / Gewaschen** – Dabei wird das Fruchtfleisch im Wasserbad mechanisch entfernt und die Kaffeebohne anschließend in Lufttrommeln getrocknet. Fördert aromatisch saubere Stilistiken.

- **Natural / Trocken** – Die Kaffeekirschen werden ausgebreitet und im Freien sonnengetrocknet, danach wird die eingetrocknete Schale (Cascara) abgewalzt. Fördert komplexe und süße Stilistiken.

- **Semi-Washed / Honey** – Eine Zwischenform. Oft wird das Fruchtfleisch abgewaschen und dann die Kaffeebohne sonnengetrocknet, damit die Mucilage auf der Bohne eintrocknet.

Fermentation – Unabhängig von der Aufbereitungsart können hochwertige Kaffees auch einer **kontrollierten Fermentation** unterzogen werden, um mehr **Komplexität** und neue **Aromakomponenten** zu erreichen.

Dies kann mit Zugaben von **Reinzuchthefen** oder spontan mit **natürlich vorkommenden Hefen** erfolgen. Wird die Fermentation in **offenen Behältern** geführt, nennt man

„aerob“. In geschlossenen Behältern mit **Gärspund** ist **„anaerob“**. Eine **intrazelluläre Gärung** im geschlossenen Tank der unter Druck steht wird als **„carbonic“** bezeichnet. Experimentell können dem Fermentionstank auch **Früchte und Aromen** zugegeben werden, was als **„co-fermented“** bezeichnet wird.

Erst im **Röstprozess** entsteht durch die Maillard Reaktion die typische Kaffeearomatik. Hochwertige Kaffeebohnen werden chargenweise im Trommelröster bei maximal 220 °C für eine Dauer von 9 - 18 Minuten geröstet. Die **Röstkurve** – beeinflusst das fertige Produkt – beschreibt wie stark und schnell sich die Kaffeebohne erhitzt. An diesem Punkt ist die Philosophie des Rösters der entscheidende Faktor. Bei aller Faszination zum Röstprozess ist es wichtig zu beachten, dass keine Qualität gewonnen werden kann, die nicht im Ursprungsland entstanden ist.

Verarbeitete grüne Kaffeebohnen im Grainpro Aromaschutz, bereit für den internationalen Transport.

Die Röstung macht die Kaffeebohne erst konsumierbar! Die qualitative, Know-How-lastige und Stilistik prägende Arbeit ist das **„Green-Coffee-Sourcing“** (Bohneneinkauf), das **„Cupping“** (Probenverkostung), die **Röstprofilerstellung** und die **Qualitätssteigerung** im Einkauf und Abläufen.

Grüne Kaffeebohnen haben eine getreidige, grasige Aromatik und enthalten von Natur aus herbe **Gerbsäuren** die Magenprobleme und Unwohlsein verursachen. Diese Gerbsäuren werden in schonenden Röstprozessen ab 8-10 Minuten abgebaut. In sehr heißen und kurz dauernden Hochleistungsröstprozessen ist das oft nicht der Fall.

DIE KAUFENTSCHEIDUNG

Informationen zum Inhalt können auf Kaffeeverpackungen sehr spärlich ausfallen, die gesetzlich verpflichtenden Angaben sind minimal. Der Hinweis „100% geröstete Kaffeebohnen" mit einem Mindesthaltbarkeitsdatum von zwei Jahren erfüllt die gesetzlichen Anforderungen. Aussagen wie „aus den besten Anbaugebieten der Welt", „sorgfältig ausgewählt", „schonend geröstet", „Barista Edition", „Crema", dienen meist **Marketingzwecken**.

Auf so mancher Kaffeepackung wird der Inhalt nur mit Arabica und Robusta angegeben. Das ist in etwa so, als führe man nur an, ob ein Wein rot oder weiß ist. Ausreichende Information für eine bewusste Kaufentscheidung bleibt aus.

Mit der **Dauer des Röstens** nehmen Aroma und Säuren ab und Bitterstoffe zu. Ein Espresso, wie man ihn aus **Italien** kennt, bedeutet meist ein dunkel gerösteter Blend aus Arabica und Robusta. Hellere Röstungen betonen eher die bohneneigene Aromatik und sind dank feiner Säurestrukturen meist balancierter.

Robusta wird durch negative Werbung oft als minderwertiger als Arabica dargestellt. Es kommt aber immer auf die Qualität an. Die Angabe **100 % Arabica** ist also **keine Qualitätsangabe**. Es gibt genauso hervorragende Robustas. **Hochwertige Kaffeebohnen** werden meist in aller Ausführlichkeit mit Angaben zu Anbauregion, Landwirt, Anbauhöhe, Sorte, Aufbereitungsmethode und Geschmack beschrieben.

Kaffeebohnen werden zeitnah nach der Röstung unter Luftausschluss verpackt. Das Aromaschutzventil in der Kaffeepackung lässt CO^2, das nach der Röstung entgast, entweichen. Um luftdicht zu sein, haben Kaffeepackungen auf der Innenseite eine Beschichtung aus Kunststoff oder Aluminium und sind daher in den meisten Fällen ein Verbundstoff. Wir empfehlen Kaffeebohnen immer in der Originalverpackung bei Raumtemperatur zu lagern, in der Packung herrscht eine sauerstoffarme Umgebung. Man kann die ganze Packung in einer luftdichten Dose lagern, aber nicht im Kühlschrank.

Achte darauf, dass die Verpackung mit einem Röstdatum gekennzeichnet ist. Idealerweise wird ein Kaffee ab 10 Tagen bis zirka 3 Monaten nach der Röstung getrunken, für vollste Aromatik.

Bei der Auswahl der richtig gerösteten Kaffeebohnen gibt es einige Merkmale zu beachten:

- **Gleichmäßig geröstet** – alle Bohnen weisen den gleichen Braunton auf - bei ganzen Bohnen und gemahlenen
- **Keine Bruchbohnen** – für eine gleichmäßige Mahlung und Extraktion
- **Mattes Bohnenbild** – kein Ölaustritt vor der Extraktion

DAS EQUIPMENT

Espressomaschine, Mühle und Zubehör sind dein Werkzeug, jede Komponente hat Einfluss auf das Ergebnis. Je besser du dein Equipment verstehst, desto präziser kannst du arbeiten.

DIE SIEBTRÄGER MASCHINE

Das Sieb im Siebträger, ist namesgebend für die „Sieb-Träger-Maschine“. Für die Zubereitung von Espresso und Cappuccino liefert sie temperiertes Wasser für 2 Anforderungen.

Espressoextraktion: 90-95 °C zur Extraktion der gemahlenen Bohnen
Milchschäumen: 120-140 °C Wasserdampf zum Aufschäumen von Milch

Technisch gibt es viele Varianten wie diese Temperaturanforderungen bereitgestellt werden können.

Ein Boiler ist ein Zylinder in dem Wasser mittels Heizstab auf Vorrat erhitzt wird. Aufgrund der Masse an heißem Wasser im Boiler, haben Boiler-Maschinen eine „Grundkonstanz", die seit den 1960er Jahren die Espressoextraktion prägt.

Technisch unterscheidet man Boilersysteme in Single Boiler Einkreiser, Single Boiler Zweikreiser und Dualboiler.

Aufbau Einkreiser

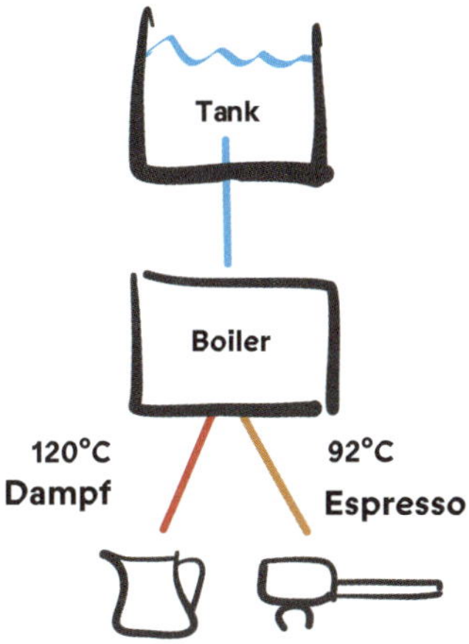

Die Bezeichnung **»Einkreis«** bezieht sich auf den Wasserkreislauf: Für die Kaffee-Extraktion (ca. 92 °C) und für den Wasserdampf (ca. 120 °C) wird **ein einziger Boiler** verwendet. Das Wasser wird für beide Vorgänge über den selben Heizkreis erhitzt und befördert. Mit einem Schalter kann zwischen Espresso- und Dampfmodus gewechselt werden. Einkreismaschinen sind durch das einfache System **kompakt gebaut**.

Zweikreiser basieren auf **zwei** separaten und unterschiedlich temp-erierten **Wasserkreisen**, allerdings **mit nur einem Boiler**. Ein Dampfboiler bringt die Energie für beide Kreise. Der Dampf wird direkt aus dem Boiler entnommen, die Espressoleitung ist durch den Dampfboiler geführt und baulich so abgestimmt, dass die passende Temperatur im Siebträger ankommt.

Aufbau Zweikreiser

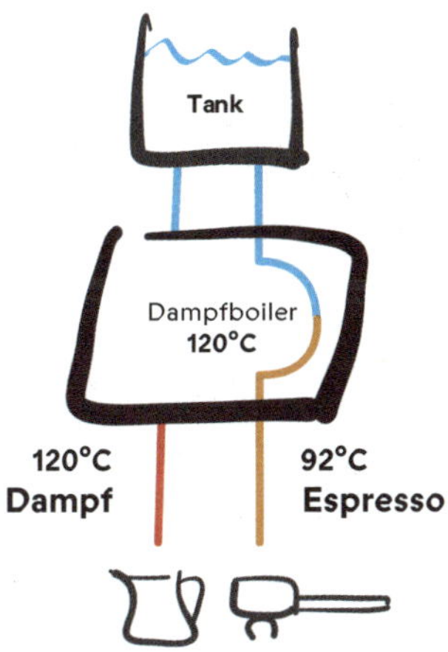

EMPFEHLUNG EIN- ODER ZWEIKREISER

Einkreiser sind kostengünstig und haben sehr kleine Boiler. Auch wenn es die erste Siebträgermaschine ist, empfehlen wir gleich einen Zweikreiser – denn bei Einkreisern stößt man rasch an Grenzen: Die Brühtemperatur schwankt deutlich, was eine gleichmäßige Espressoextraktion erschwert. Die Ergebnisse sind inkonstant, ohne dass man selber daran Schuld hat.

Aufbau Dualboiler

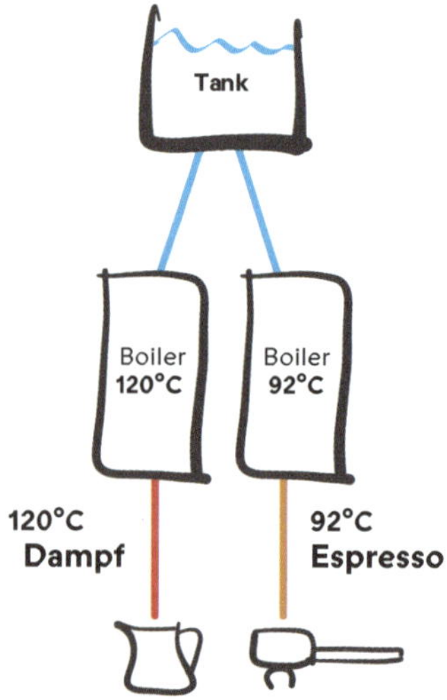

Die **Dualboilermaschine** (siehe Bild unten) verfügt über **2 separate Boiler**: Ein kleinerer Boiler für den **Espressobezug** und ein größerer Boiler für den **Dampfbezug** bzw. das Heißwasser. Somit steht auch für große Mengen Milch genug Power zum Schäumen zur Verfügung und die Kaffeeextraktion kann durch den zweiten Brühkessel unabhängig erfolgen. Dualboiler haben durch den Einbau von präzisen elektronischen PID-Temperatursteuerungen eine sehr gute Temperaturkonstanz am Brühkopf.

Blick in eine Dual-Boiler-Maschine

EMPFEHLUNG ZWEIKREISER ODER DUALBOILER

Wichtig ist zu wissen, welche Anforderungen man an die Maschine stellt. Enden diese bei einem klassischen guten Espresso, kann der Zweikreiser das richtige System sein. Der Dualboiler ist das **highend System ohne Kompromisse**, der alle wichtigen Komponenten für experimentierfreudige Baristi, Erfahrene und auch werdende Kaffeegenießer vereint.

Thermoblock

Ein **Thermoblock** ist ein Durchlauferhitzer, in dem das Wasser auf Bedarf erhitzt wird. Thermoblocks sind kleine, kompakte Bauteile, die sich besonders aufgrund der schnellen Aufheizzeit zunehmender Beliebtheit erfreuen.

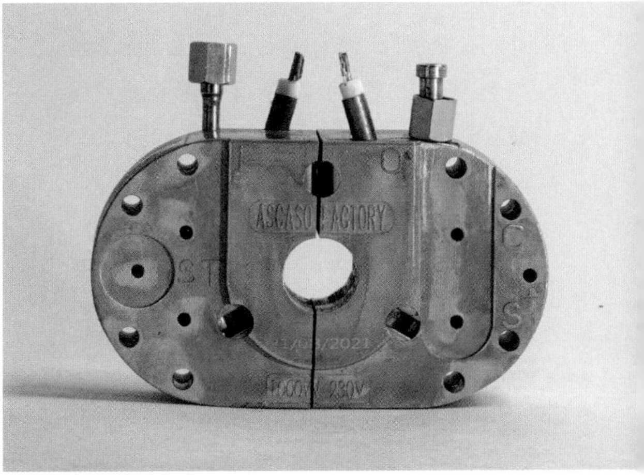

Hinsichtlich der Temperaturstabilität gibt es markante Unterschiede. So neigen **Aluminium-Thermoblocks** zu großen **Temperaturschwankungen**. Edelstahl-Thermoblocks sind reaktionsneutral und haben eine bessere Wärmeleitung.
Für eine gute Espressoextraktion ist die Konstanz der Temperatur entscheidend und so auch die Steuerung dieser. Aus diesem Grund ist eine **PID-Steuerung** für Thermoblock Maschinen sehr empfehlenswert.

Ein Thermoblock erzeugt auch **Dampf zum Milchschäumen**. Das erfolgt durch das Aufheizen auf > 140 °C oder durch einen zweiten Thermoblock. So gibt es **Single-Thermoblock** und **Dual-Thermoblock-Maschinen**. Wenn regelmäßig Milch geschäumt wird, ist ein Dual-Thermoblock empfehlenswert, weil durch das Vermeiden von ständigen Aufheiz- und Abkühlphasen mehr Konstanz und Routine in die Bedienung der Siebträgermaschine kommt.

Es gibt große Unterschiede bei der Qualität von Thermoblockmaschinen. Können eine konstante Temperatur und die Steuerung dieser gewährleistet werden, ist der Thermoblock ein schneller und effizienter Bauteil für die Espressoextraktion.

SPÜLEN

Achte aufs ausgiebige flushen (spülen) vor dem Bezug bei einem Gerät mit einem Thermoblock, das bringt den Wasserdurchfluss auf ein Level und reduziert so Schwankungsbreiten bei der Temperatur des Wassers.

VIDEO-TIPP

Dieses Video zum Thema Siebträgermaschinen gibt dir einen Überblick über die wichtigsten Punkte, Fakten, Features und Tipps zu den unterschiedlichen Systemen.

ascaso
ascaso

Boilermaterialien

Es werden Kupfer-, Messing- und Edelstahlkessel verarbeitet. Aufgrund der gestiegenen Verarbeitungsmöglichkeiten ist Edelstahl zunehmend stark verbreitet. Aus qualitativer Sicht sind alle drei Materialien empfehlenswert, wobei Edelstahl, weil reaktionsneutral, die zeitgemäß bessere Wahl ist.

Brühgruppen

Als Brühgruppe bezeichnet man den Bauteil, in den der Siebträger eingespannt wird. Grundsätzlich unterscheidet man **Kontakt-Brühgruppen,** bei denen der **Espressoboiler** direkt über der Brühgruppe liegt, und **exponierten Brühgruppen**, die außerhalb des Maschinengehäuses liegen.

Die **E-61 Brühgruppe** (siehe Bild links) ist eine exponierte, mechanische Brühgruppe, die seit 1961 von der Firma Faema produziert wird. Diese Brühgruppe ist aufgrund ihrer Optik sehr beliebt. Exponierte Brühgruppen binden aufgrund der **Masse viel Wärme,** wodurch sie ein größeres **Boilervolumen** benötigen. Um **Temperaturschwankungen zu reduzieren**, muss vor dem Espressobezug ausreichend geflushed werden. Die E61 Brühgruppe wird auch heute in neuen Siebträgermaschinen verbaut.

Eine **gesättigte Brühgruppe** wird aktiv mit **Boilerwasser umspült** und sorgt so für beste **Temperaturstabilität**. Die kann eine Kontakt- oder exponierte Brühgruppe sein.

Bezugsteuerung

Die Steuerung des Espressobezugs kann manuell oder gesteuert erfolgen. Die E-61 Brühgruppe ist eine typische **manuelle Brühgruppe**, der Bezug muss händisch gestartet und gestoppt werden.

Eine **Volumetric** ist ein Bauteil, mit dem die **Wassermenge**, die durch den **Kaffeepuck gepresst** wird, kontrolliert wird. So stoppt die Maschine den Bezug bei programmierter Menge automatisch.

Eine Steuerung mit **Zeit**, zum Beispiel **Stopp nach 25 Sekunden**, funktioniert so konstant wie entsprechend **Menge, Mahlgrad und Anpressdruck** im Siebträger konstant sind.

Die Steuerung mittels **brew-by-weight** ist eine **high-end Variante** bei der, der Espresso in der Tasse gewogen wird, und die Waage die Information zum Stopp des Bezugs an die Siebträgermaschine gibt.

Temperatursteuerung

Die **PID-Steuerung** ist eine **elektronische Steuerung** der Boilerheizung, die die **Brühwassertemperatur regelt** und so konstante Ergebnisse in der

Tasse ermöglicht. Praktisch ist dabei, dass man die Temperatur einfach einstellen und umstellen kann. Die Temperatur des Wassers hat einen **maßgeblichen Einfluss** auf den **Geschmack** des **extrahierten Espressos**.

HEISSKALT
Allgemein empfehlen wir umso kräftiger ein Kaffee geröstet ist, eine umso geringere Temperatur und eine helle, fruchtige Röstung mit höherer Temperatur zu extrahieren. Die niedrigere Temperatur beim kräftigen Espresso fördert eine runde, vollmundige Textur. Die hohe Temperatur beim hell gerösteten Kaffee fördert die aromatische Extraktion und bindet feine Säuren besser ein.

Ein Grad **Temperaturunterschied** ist sensorisch wahrnehmbar. Die **Standardtemperatur** einer Siebträgermaschine liegt bei **92 °C**. Der **Normalbereich der Espressoextraktion** liegt zwischen **90 °C und 95 °C**. Für eine experimentelle Extraktion kann man diesen Bereich auch verlassen.

Die Pumpe

Um das temperierte Wasser mit Druck durch den Kaffeepuck zu pressen ist in der Siebträgermaschine eine Pumpe.

Vibrationspumpen sind ein weltweit verbreiteter Standardbauteil, der genauso in Vollautomaten verbaut wird.

Diese zeichnet sich durch ihre geringe Baugröße aus, hat aber einen höheren Geräuschpegel. Die Vibrationspumpe schiebt das Wasser gegen den Kaffeepuck im Siebträger, daher ist am Manometer zu sehen, dass sich der Druck erst während dem Espressobezug aufbaut.

Eine Rotationspumpe ist ein hochwertiges Pumpensystem, das einen eingestellten Druck von ca. 10 Bar konstant zum Siebträger liefert. Eine Rotationspumpe ist vergleichsweise leise und kann an eine Festwasserleitung angeschlossen werden.

Vibrationspumpe

Rotationspumpe

BARISTA KRAFTTRAINING

Erste Siebträgermaschinen funktionierten mit Handhebel, bei denen das heiße Wasser mit Muskelkraft durch den Kaffeepuck gepresst wird. Auch heute erfreuen sich Barista daran, gerade weil es eine große Variable in der Extraktion darstellt.

LA MARZOCCO

Brühdrucksteuerung

Unter **Pre-Infusion** versteht man das Befeuchten des Kaffeemehls im Siebträger vor Druckaufbau. Dieses sogenannte Vorbrühen geschieht mit minimalem Druck (Leitungsdruck). Eine Pre-Infusion sorgt für eine intensivere und im Idealfall vollmundigere Extraktion des Kaffees.

Die Beurteilung, ob diese besser ist als ohne, ist aber subjektiv. Letztendlich hängt es vom verwendeten Kaffee und persönlichen Geschmack ab, ob man den Espresso vorbrüht oder nicht.

RUNDER ESPRESSO

Bohnen eines dunklen Röstprofils, das mit Pre-Infusion startet und bei dem in der zweiten Hälfte der Extraktion den Druck langsam reduziert wird, wird zu einen deutlich runderen, weniger bitteren Espresso führen.

Mittels **Pressure profiling (Druckprofilsteuerung)** kann der Druckaufbau und der Druckabbau während des Brühvorgangs reguliert und so das Ergebnis des Extraktionsprozesses beeinflusst werden.

Denkt man an die Phasen der Extraktion (siehe S. 52) kann grob gesagt werden, dass die Phase, die mit reduziertem Druck bezogen wird, weniger intensiv extrahiert wird. Wenn man also den Druck langsam aufbaut, werden weniger präsente Säuren extrahiert, wenn man den Druck langsam abbaut, werden weniger Bitterstoffe den Espresso prägen.

VIDEO-TIPP:

Einblicke zum Thema Pre-Infusion und Pressure Profiling bekommst du einen in diesem Video auf YouTube.

MAHLEN DER BOHNE

Mit der Mühle werden die Kaffeebohnen gemahlen und der Espresso eingestellt. Daher ist eine hochwertige Mühle, die ein homogenes Mahlgut liefert, für eine gute Extraktion entscheidend. Ein homogenes Mahlgut ist mit freiem Auge als gleichmäßig erkennbar. Wenn große Partikel sichtbar sind, werden diese zu Channeling führen. Weil der Espresso mit Druck gebrüht wird, führt eine kleine Mahlgradumstellung zu einer deutlichen Veränderung in der Tasse. Daher ist es wichtig, dass viele Mahlgradeinstellungen in einem kleinen Spektrum möglich sind.

TIPP: Durch Wärme in der Mühle leidet die Mahlqualität. Daher sollte die Mühle nie im selben Gehäuse wie die Maschine verbaut sein. Nur getrennt kann Wärme abgeleitet werden und dauerhaft homogen mahlen.

Mühlen werden baulich unter anderem zwischen Kegelmahlwerk und Scheibenmahlwerk unterschieden.

Das **Kegelmahlwerk** kann bei guter Bauweise **homogenes Mahlgut** für die **Espressoextraktion** liefern. Durch die Bauart kann die Schwerkraft genutzt werden, was ein Grund für einen geringen Totraum ist. Eine tendenziell geringere Umdrehungsgeschwindigkeit sorgt für eine schonende Mahlung.

Das **Scheibenmahlwerk** überzeugt seit Jahrzehnten durch ein **homogenes Mahlgut** und ist daher in den **meisten Espressomühlen im Einsatz**. Der gemahlene Kaffee wird im **Kreis ausgeworfen** und zum Siebträger geschoben. Auf diesen Totraum (5 - 8 g Kaffee) ist zu achten, wenn der Mahlgrad verändert wird.

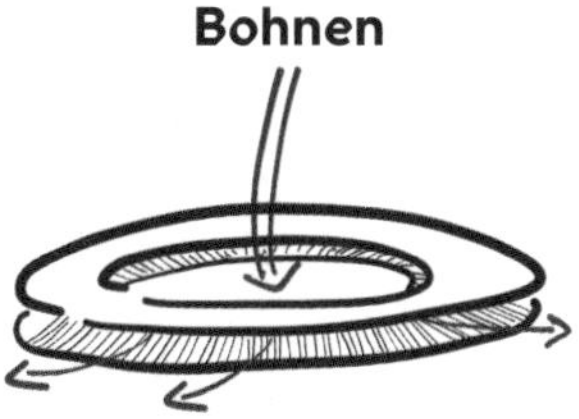

Bei **zeitgesteuerten Mühlen** ist zu beachten, dass eine Umstellung des Mahlgrades bei gleicher Mahlzeit eine abweichende Menge im Siebträger bedeutet. Die Mühle braucht für einen feineren Mahlgrad länger zum Mahlen, daher kommt in der gleichen Zeit weniger Menge an.

TIPP:
Wenn das Budget nicht das Wunsch-Setup aus Maschine und Mühle hergibt, konzentriere dich auf die Mühle. Im Zweifel hat die Mühle einen größeren Einfluss auf den Espresso in der Tasse.

Bei **gewichtsgesteuerten Mühlen** (grind-by-weight) wird der Siebträger eingehängt und tariert. Bei Umstellung des Mahlgrad ändert die Mühle die Mahlzeit selbständig. Diese Mühlen sind empfehlenswert, wenn man gerne Kaffees wechselt oder die Erleichterung im Handling schätzt.

Bei **Mühlen ohne Steuerung,** die mit Start-Stop betrieben werden, muss **jede Kaffeedosis abgewogen** werden. Mit Augenmaß kann kein Espresso eingestellt werden.

Es ist zu berücksichtigen, dass Kaffee ein äußerst sensibles Lebensmittel ist und stark auf Veränderungen reagiert. Er ist **hygroskopisch,** nimmt also Feuchtigkeit auf und reagiert auch auf **Temperatur und Sauerstoff.** Daher muss die **Mühle regelmäßig feinjustiert** werden, um die **Extraktion konstant** zu halten.

Mittels Single Dosing, dem **exakten Abwiegen** und **Mahlen** von einer **Kaffeemenge** für einen **einzelnen Bezug**, hat man die Möglichkeit Totraum und Oxidation im Bohnenbehälter zu umgehen und verschiedene Kaffees gleichzeitig verfügbar zu haben. Dazu eignen sich spezielle Single-Dosing-Mühlen, wie auch hochwertige Handmühlen. Das **akribische Notieren** von **Grammaturen und Mahlgradeinstellungen** ist dabei essentiell.

LIBRA
03.3
-
+

DAS REINIGEN DER MÜHLE

Das Reinigen der Mühle sollte, wie das Reinigen der Siebträgermaschine, **regelmäßig** erfolgen. Wie groß der Reinigungsbedarf ist, hängt von den Bohnen ab, die gemahlen werden. Umso dunkler die Röstung, desto eher tendieren Bohnen dazu außen eine ölige Schicht zu haben. Diese Öle können die Mühle verunreinigen und zu ranzigen Ablagerungen führen.

Die einfachste Möglichkeit Öle aus der Mühle zu entfernen, sind **Mühlenreiniger auf Getreidebasis**, die durch die Mühle gemahlen werden und so Öle aufsaugen. Das Öffnen der Mühle und das innere Reinigen mit Pinsel, Besen und Staubsauger nimmt, vor allem bei Scheibenmahlwerken, etwas Zeit in Anspruch, ist aber auf jeden Fall empfehlenswert um ein langfristiges gutes Mahlergebnis zu bekommen.

Wir empfehlen die Mühle **halbjährlich** gründlich zu reinigen. Zusätzliche Reinigungen mit dazu vorgesehenem Reinigungsgranulat sind sinnvoll, wenn gerne kräftige, italienische Röstungen getrunken werden.

VIDEO-TIPP:

Wir zeigen dir das richtige Reinigen einer Mühle. Dies ist genauso entscheidend für einen perfekten und sauberen Espresso, wie die Pflege der Siebträgermaschine.

hauck.baristatools
MIGNON

DAS ZUBEHÖR

Neben Siebträgermaschine und Mühle gibt es eine Vielzahl an kleinen Werkzeugen für den Barista die mehr oder weniger essenziell sind. Hilfreich sind diese Werkzeuge, wenn sie es Erleichtern einengleichmäßigen, reproduzierbaren Espresso zu machen.

Tamper

Der Tamper das einzige „Must-Have“ im Siebträger Setup. Es ist das Werkzeug zum Verdichten des Kaffeemehls im Siebträger. Der Durchmesser des Tamper muss zum Durchmesser des Siebs passen. Ein ergonomischer Griff erleichtert das Tampen. Eine stabile, gerade Base aus Metall ist für gutes Tampen notwendig. Eine gewölbte, oder gerillte Tamperbase ist nicht zu bevorzugen.

Ein **gelevelter Tamper** mit umlaufender Auflage, der automatisch waagrecht am Sieb sitzt, sorgt für einen garantiert geraden Tamp. Ein **dynamometrischer Tamper** löst immer bei gleichen Druck mit einem leisen „Klick“ aus. Beides unterstützt das Herstellen eines homogenen Kaffeepucks. Besonders hilfreich, wenn man noch wenig Übung hat oder mehrere Personen die Siebträgermaschine bedienen.

Ein **elektrischer Tamper** sorgt vor allem für ein schnelles Arbeiten. Auf eine Verteilung des Kaffeemehls und geraden Tamp ist trotzdem zu achten. Ein Vibrationstamper vibriert die gemahlenen Kaffeepartikel in das Sieb, dabei werden sie in einem Arbeitsschritt verteilt und verdichtet.

Leveler

Der Leveler ist ein runder Puck mit Stufen an der Unterseite. Er wird auf das lose Kaffeemehl im Siebträger auf den Siebrand gesetzt. Durch das Drehen im Uhrzeigersinn wird das Kaffeemehl geebnet und im Sieb verteilt und etwaige lockere Nester verschwinden. Mit einem Leveler ist es einfacher, schnell und sauber zu arbeiten und gerade zu tampen.

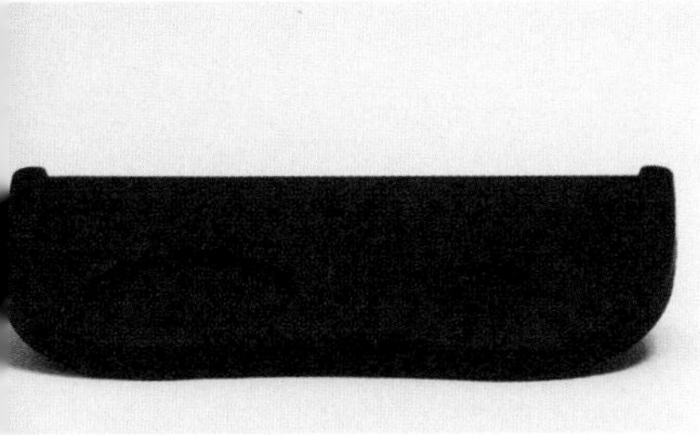

Tamping Matte

Eine einfache Gummimatte, die den Untergrund schützt und dafür sorgt, dass der Siebträger beim Tampen stabil liegt. Verhindert Rutschen, Kratzer und hält deine Arbeitsfläche sauber.

Knock Box und Sudlade

Der nasse Kaffeepuck fällt mit einem Klopfer auf die Knock Box Stange aus dem Siebträger. Ideal für ein sauberes und schnelles Arbeiten. Knock Box und Sudlade müssen regelmäßig entleert werden, um eine Schimmelbildung am feuchten Kaffee zu vermeiden. Durch die offene Form ist das bei einer Knock Box weniger problematisch.

Siebe

Das Sieb ist Teil des Espressorezepts und hält das Kaffeemehl dem Wasser entgegen. Der Durchmesser ist durch die Brühgruppe und Siebträger vorgegeben, Industriestandard sind 58 mm. Die Höhe des Siebes muss zur gewünschten Füllmenge passen. Der getampte Kaffeepuck muss 3-4 mm im Sieb sein, damit das Wasser zwischen Dusche und Kaffeepuck etwas Platz hat sich zu verteilen.

Standardsiebe sind gestanzt und haben daher weniger präzise Lochdurchmesser und Lochpositionen als **Präzisionssiebe**. Diese werden gelasert und eine Qualitätskontrolle unterzogen. Das sorgt für mehr Präzision und Kontinuität im Wasserdurchfluss.

Ein **Sieb mit doppelten Boden** – erkennbar an nur einem Loch auf der Unterseite – sorgt für einen künstlichen Widerstand und ist für die „frische“ Espressozubereitung nicht verwendbar. Hergestellt werden diese für vorgemahlenen Kaffee.

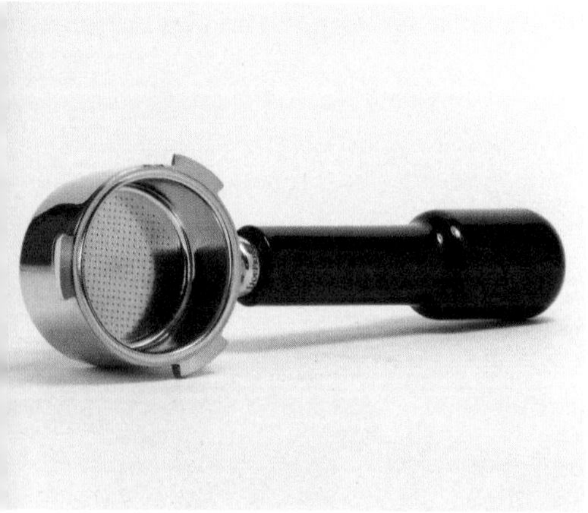

Siebträger

Der Siebträger hält das Sieb in der Brühgruppe. Ein bodenloser Siebträger (englisch: naked portafilter) ist unten offen, so dass der Siebboden zu sehen ist. Bei perfekter Extraktion läuft der Espresso in einem Strahl mittig in die Tasse. Ein großartiger Showevent und Bestätigung, dass der Puck ohne Channeling perfekt extrahiert wird.

Ein geschlossener Siebträger hat ein Loch in der Mitte und einen einfachen oder zweifachen Auslass. Beim zweifachen Auslass wird der extrahierte Espresso geteilt, für den bekannten „Single-Shot“ Espresso.

Baristatuch

Ein Baumwolle- oder Microfasertuch gehört zur Grundausstattung der Siebträgermaschine. Idealerweise eines zum Abwischen des Gitters nach dem

Flush und ein zweiten zum Wischen der Dampflanze. Zum Auswischen des Siebträgers nach dem Ausklopfen empfiehlt sich ein Pinsel, weil ein Tuch deutlich schneller verschmutzt. Erst im nächsten Schritt das Sieb mit dem Tuch trockenwischen, wenn nötig.

WDT - Needle Tool

Ein kleines Werkzeug mit feinen Nadeln. Vor dem Tampen wird das Kaffeemehl mit kreisenden Bewegungen im Sieb aufgelockert, so verschwinden Klümpchen im Kaffeemehl. Zu empfehlen beim Arbeiten mit Single-Dosing Mühlen.

Trichter

Ein Trichter oder Dosing Funnel sitzt am Sieb auf und erleichtert das Einfüllen von Kaffeemehl und rühren mit WDT. Zu empfehlen beim Arbeiten mit Single-Dosing und gewichtsgesteuerten Mühlen.

Puck Screen

Ein dünnes Metallsieb, das nach dem Tampen direkt auf den Kaffeepuck gelegt wird. Es verteilt das Brühwasser gleichmäßiger und führt zu einer homogeneren Extraktion. Nach der Extraktion muss der Puck Screen gut gereinigt werden. Einwegalternativen sind Puck Filter aus Papier.

RDT - Sprühen

Durch das Besprühen der Kaffeebohnen vor dem Mahlen, durch 1-2 Sprüher aus einer Feinsprühflasche wird Statik in der Mühle reduziert. Dies führt bei Single-Dosing zu weniger Totraum.

DIE WASSERQUALITÄT

Eine Tasse Kaffee besteht zu über 90 % aus Wasser. Darum hat die Qualität des Wassers einen entscheidenden Einfluss auf den Geschmack, wie auch auf den Maschinenschutz. Die Zusammensetzung und der Härtegrad von Leitungswasser ist regional stark unterschiedlich.

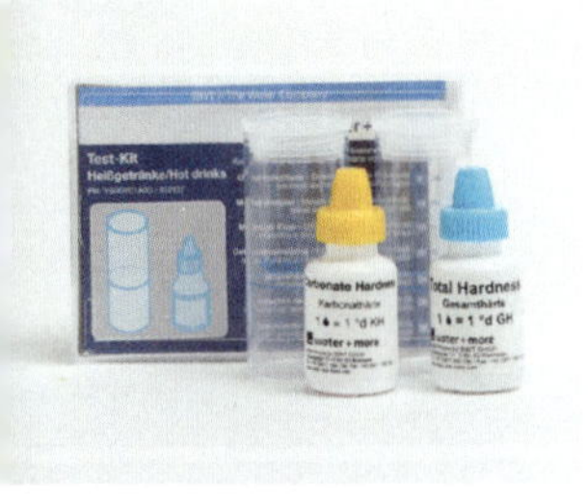

Es ist wichtig den **Gesamthärtegrad** des verwendeten Wassers zu testen. Dazu empfehlen wir Testkits mit Tropfen die den Härtegrad auf ein Grad bestimmen lassen und so viel genauer sind als Teststreifen. Das Wasser sollte vor und nach der Filtrierung gemessen werden.

Für die Befüllung der Siebträgermaschine ist es wichtig, ausschließlich gefiltertes Wasser zu verwenden, **Gesamthärte 3-6°dH bzw. 50-100 mg/l TDS !**

Die **Filtrierung des Wassers** ist essentiell für die Langlebigkeit der Siebträgermaschine. Wasser mit höherem Kalkgehalt verursacht Schäden und hat garantiert regelmäßig, teure Servicearbeiten zur Folge.

Neben der objektiven technischen Komponente ist die Wasseraufbereitung auch für die Espressoqualität entscheidend.

TIPP:
Gesamthärte in °dH = (Calcium mg/l × 0,14) + (Magnesium mg/l × 0,23)

Zu hartes Wasser ist mit Mineralien übergesättigt und führt zu einem weniger aromatischen und flachen Espresso.

Bei zu **weichem oder mineralienarmen Wasser** werden Aromen schlecht gebunden, der Espresso schmeckt leer und säurebetont.

Die Gesamthärte misst den Gesamtgehalt an Calcium- und Magnesiumionen im Wasser. Anhand der Angaben für Calcium und Magnesium am Etikette von abgefülltes Wasser kann die Gesamthärte (zirka) errechnet werden.

Möglichkeiten zur Wasseraufbereitung

Die **Filtrierung von Leitungswassers** kann mittels Tischwasserfilter erfolgen. Diese reduzieren die Gesamthärte in einem Durchlauf um etwa die Hälfte.

Verkalkter Heizstab

KALKSCHÄDEN VERMEIDEN

Regelmäßiges **Entkalken ersetzt nicht** die **essentielle Filtrierung** des Wassers. Wird der Gesamthärtegrad konstant gehalten und kontrolliert, kommt es zu **Ablagerungen im System** und **Kalkschäden** bleiben **unwahrscheinlich**.

Harzfilter im Wassertank reduzieren die Gesamthärte im Durchfluss. Es ist zu beachten, dass diese eine genau definierte Filterleistung haben und zwingend pünktlich getauscht werden müssen. Des Weiteren verliert man die visuelle Kontrolle eines sauberen Wassertanks.

Bei **Maschinen mit Festwasseranschluss** kann ein Untertischfilter mit Filterkerze verwendet werden. Der Mehrschichtfilter der Filterkerze liefert die beste Filterleistung.

Einen anderen Zugang stellt das Mineralisieren von leeren Wasser dar. Dabei wird destilliertes oder Osmose-Wasser mit den richtigen Mineralien für Kaffee aufmineralisiert.

LA MARZOCCO

DAS RICHTIGE TAMPEN

Durch das Tampen entsteht der Kaffeepuck im Siebträger. Dieser bildet einen Widerstand, an dem sich das Wasser aufstaut und der Druck zur optimalen Extraktion aufgebaut wird.

Die Kaffeemühle mahlt das Kaffeemehl pyramidenförmig in den Siebträger. Dieses soll mithilfe von sauberen Fingern oder einem Leveler gleichmäßig zu den Rändern verteilt werden. Die Pyramidenform wird zu einem Zylinder, dadurch kann beim Tampen homogen verdichtet werden.

Tamper aufsetzen und mit der Handinnenseite (Handballen am Tamperkopf) umfassen. Die Fingerspitzen ruhen am Rand des Siebträgers, um den gleichmäßigen Abstand zwischen Tamper und Sieb zu ertasten, um so gerade

Voller Siebträger

Kaffeemehl verteilen

Griff beim Tampen

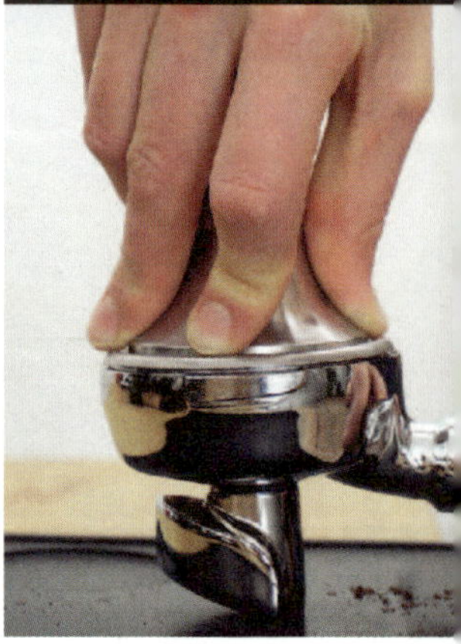

VIDEO-TIPP: Im Video zeigen wir dir worauf es beim Tampen ankommt, damit das Kaffeemehl gleichmäßig komprimiert und so ein konstanter Wasserdurchfluss erreicht wird.

zu tampen. Mit einem kurzen festen Druck wird das lockere Kaffeemehl komprimiert. Dabei soll ein Druck von zirka 10-15 kg ausgeübt werden. Der Ellbogen soll bei der Ausübung des Drucks über dem Tamper liegen.

Es ist wichtig auf ein gerades Tampen zu achten um eine gleichmäßige Extraktion zu ermöglichen. Dafür ist es notwendig sich ausreichend Zeit zu nehmen. Die Fingerspitzen, wie beschrieben, können hierfür eine gute Unterstützung sein. Zur Kontrolle die Stellung des Tampers am Kaffeepuck nach dem Tampen heranziehen. Danach kurz Tamper drehen und den Rand des Siebträgers mit den Fingerspitzen abwischen, um die Dichtungen der Brühgruppe zu schonen.

Siebträger gefühlvoll in die Brühgruppe einspannen und Bezug starten.

Getampter Puck

Channeling

Wasser sucht sich immer den Weg des geringsten Widerstandes! Von Channelling spricht man wenn das Wasser den Kaffeepuck nicht gleichmäßig sondern in einzelnen Kanälen durchfließt. Dies führt zu einer ungleichmäßigen Extraktion. Ursachen dafür können unter anderem schiefes Tampen, schlechte Mahlqualität (ungleich große Kaffeepartikel) oder klopfen auf den Siebträger nach dem Tampen, sein.

DIE ZUBEREITUNG

Hier zeigt sich, wie Bohne, Mühle und Maschine zusammenwirken. Von Mahlgrad bis Milchschaum, mit Wissen und Übung gelingt ein Espresso, der begeistert.

DER ESPRESSO

Der **Espresso ist ein Kaffeekonzentrat**, Kulturgut und Ausgangsprodukt vieler Kaffeegetränke. Ist der Espresso eingestellt, können Single-Espresso, Espresso Doppio, Cappuccino, Verlängerter (Americano), uvm. ohne Umstellungen zubereitet werden.

DER ESPRESSO DEFINIERT SICH AUS DEM VERHÄLTNIS VON KAFFEE ZU WASSER.

Das Verhältnis von **Kaffee zu Wasser,** nennt man **Ratio**, und ist entscheidend für den Geschmack, den Körper und die Intensität des Espresso. Typischerweise liegt das Verhältnis bei **1 Teil gemahlene Kaffeebohnen** zu **2 – 3 Teilen Wasser**. Man spricht von einem **Ratio von 1:2 bzw. 1:3**.

Unterextraktion

Gute Extraktion

Überextraktion

Neben dem Ratio hat die **Extraktionszeit** direkten **Einfluss** auf den **Geschmack des Espresso**. Die soll bei zirka **25 Sekunden** liegen und wird ab dem Start des Bezugs gezählt.

RATIO BEISPIELE

1:2	=	20 g Kaffee	:	40 g Espresso
1:2,5	=	18 g Kaffee	:	45 g Espresso
1:3	=	16 g Kaffee	:	48 g Espresso

Es obliegt den persönlichen Vorlieben, Geschmack und Anforderungen, das individuelle Ratio für den eigenen Espresso zu finden. Auch Empfehlungen aus dem professionellen Bereich haben eine große Breite. So ist ein traditionell, **italienisches Grundrezept 18 g Kaffee zu 60 g Espresso.** Die SCA hingegen empfiehlt das Ratio 1:2, was in Coffee Shops oft in **20 g Kaffee zu 40 g Espresso** umgesetzt wird.

Die Zielzeit von 25 Sekunden ist die Mitte eines 20-30 Sekunden Korridors. Bei der Espressoextraktion werden zuerst Aromen und Säuren gelöst und mit Fortdauer der Extraktion Bitterstoffe. Dauert ein Espressobezug weniger als 20 Sekunden fehlt dem Espresso in der Regel Körper. Dauert die Extraktion länger als 30 Sekunden werden viele herbe Bitterstoffe gelöst.

Verkostung 3 Phasen

Um ein Verständnis für die Phasen des Espresso zu bekommen, empfiehlt sich die Verkostung eines Espresso in 3 Phasen. Nimm einen eingestellten Kaffee – Ratio und Laufzeit passen – starte den Bezug, wechsle die Tasse nach 10 und nach 20 Sekunden. So können die Phasen sehr gut geschmacklich getrennt und verkostet werden.

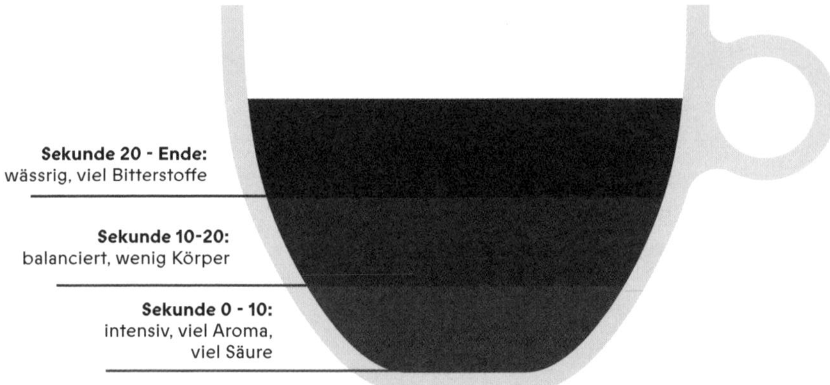

Der „perfekte" Espresso

Ein perfekter Espresso gelingt durch **Konstanz und Homogenität** in der **Extraktion** (nicht durch viel Power). Damit ist gemeint, dass das **Wasser jeden Kaffeepartikel** gleich stark auslaugt, um Über-/Unterextraktion zu vermeiden, und keine Abkürzungen durch den Kaffeepuck findet, sogenanntes Channeling.

Um einen **gleichmäßigen Wasserdurchfluss** zu ermöglichen ist es notwendig einen **Siebeinsatz mit geraden Wänden** (zylindrisch) zu verwenden. Dieser gewährt einen gleichmäßigen Wasserdurchfluss und resultiert in einem **vollmundigeren** und **dichteren Espresso**.

Mit Dauer der Laufzeit steigt die Espressomenge in der Tasse. Es ist die Quintessenz des Mühleeinstellens beide Parameter genau am Punkt zu haben. (Siehe S. 56)

Will man einen perfekten kleinen Espresso zubereiten empfiehlt sich ein kleines geradwandiges Sieb für zB: 14 g Kaffee. Je nach Ratio ergibt das 28-42 g Espresso.

In einem trichterförmigen Siebeinsatz, mit schiefen Wänden (konisch), wird der Wasserdurchfluss verjüngt, was zu einer Überextraktion führt. In diesen, verbreitet als „Single-Espresso-Sieb“ bezeichneten, Einsatz, wird der Espresso nie die Dichte und Balance, wie aus dem geradwandigen Sieb, haben.

Um annähernd auf ein vergleichbares Ergebnis zu kommen, muss das Ratio reduziert werden, was in Folge auch eine Veränderung des Mahlgrads bedeutet. Die Mühle wird auf das neue Sieb eingestellt. Vom **Wechsel** zwischen **konischen** und **zylindrisch Sieben** ist daher **absolut abzuraten**.
Einen **perfekten „Single-Espresso“** – wie aus der Espressobar bekannt – gibt es daher nur aus einem **geteilten Doppio-Espresso** aus einem **geradwandigen Siebeinsatz**.

Die „perfekte“ Crema
Ein dunkler Röstgrad – wegen höheren CO^2 Anteil - sorgt genauso wie Robusta – wegen höherem Ölgehalt - für eine quantitative, dicke und dunkle Crema. „Klassisch italienisch“ sozusagen. **Die Crema** ist aber ausschließlich für den **optischen Eindruck** interessant und gibt **keine Auskunft** über den **qualitativen Ursprung des Kaffees.** Weil die Crema eher bitter schmeckt und der aromatischste Teil des Espressos am Tassenboden liegt, sollte ein **Espresso vor dem Genießen umgerührt** werden.

DAS EINSTELLEN DER MÜHLE

Mit der Mühle stellt man den Espresso ein!

Die zwei Parameter, die man dafür zur Verfügung hat, sind die **Kaffeemenge** und der **Mahlgrad**. Die Siebträgermaschine liefert immer den gleichen Druck zum Siebträger.

Das getampte Kaffeemehl im Siebträger muss so **viel Widerstand** bieten, dass das Wasser zirka 25 Sekunden braucht bis die gewünschte Menge in der Tasse angekommen ist.
Vereinfacht sollte man sich folgendes im Hinterkopf behalten:

Mehr Menge = mehr Widerstand
Feinerer Mahlgrad = mehr Widerstand

Alles weitere ist das Anwenden dieser Parameter. Die Größe des verwendeten Siebes gibt die Kaffeemenge vor, die verwendet werden soll. Danach richtet man den Mahlgrad, sodass eine Extraktionszeit von 25 Sekunden erreicht wird (Menge = Grundrezept).

Kommt in dieser Zeit weniger als die gewünschte Menge in der Tasse an, muss der Mahlgrad gröber gestellt werden, um weniger Widerstand zu bieten.

Mit etwas Übung sieht man das auch: dünn ganz dicht sollte der Kaffeestrahl ab Sekunde 4-7 laufen.

Ist der Widerstand zu gering plätschert der Kaffee in die Tasse. Der Espresso läuft zu schnell – in 25 Sekunden kommt zu viel Menge in der Tasse an. Der Mahlgrad muss feiner gestellt werden

Es hilft beim Einstellen des Kaffees eine Waage zu verwenden um die Parameter exakt zu kennen und kontrollieren zu können. Man hilft sich selbst schneller zu werden.

„Einstellen Mühle“ → „Einstellen Widerstand“ →
„Einstellen Extraktion“ → **Geschmack**

EMPFEHLUNG GRUNDREZEPT

18 g Kaffeemehl im geraden Sieb

25 Sekunden Laufzeit

50 ml Espresso

Die Feinjustierung

Hat man sich an das Grundrezept gehalten, weiß man wie der verwendete Kaffee schmecken soll. Ist man mit dem Ergebnis absolut unzufrieden (viel zu bitter / viel zu sauer) sollte man zu einem anderen Kaffee greifen.

Ist man mit dem Ergebnis grundsätzlich zufrieden, geht es an die Feinjustierung. Mit Veränderungen an der Kaffeemenge im Sieb, wird der Körper des Espresso beeinflusst. Mit Veränderungen der Laufzeit ändert sich die Struktur.

Die Erhöhung der Kaffeemenge im Siebträger (in 0,5 g Schritten) sorgt für einen intensiveren Körper in der Tasse. Bei kräftigen, italienischen Röstungen kann es besser sein, die Menge zu reduzieren.

VIDEO-TIPP

Dieses Video hilft dir mit der richtigen Kaffeemenge und dem passenden Mahlgrad zum perfekten Espresso für zu Hause! So wird der Geschmack und die Textur des Espressos ideal.

Tipp

Im Kapitel „Der Espresso“ auf S. 52 kannst du dir die unterschiedlichen Extraktionsphasen eines Espressos im Detail ansehen.

DER ESPRESSOKOMPASS

Der Espressokompass dient der Feinjustierung und sensorischen Perfektionierung des Espressos. Er veranschaulicht auf einfache Weise die Anwendung der Einstellfaktoren: Menge (Y-Achse) und Mahlgrad (X-Achse).

Der Körper eines Espresso ist das gefühlte Gewicht am Gaumen. Es wird über das Ratio definiert. Ist dieser zu schwer (sirupartig) ist es schwer Aromen zu erkennen, bei zu wenig Körper ist der Espresso wässrig.

Als Struktur eines Espresso ist die Balance zwischen Säure und Bitterstoffe zu verstehen, die durch die Laufzeit bestimmt wird. Sensorisch zu erkennen in den 3-Phasen, siehe S. 52.

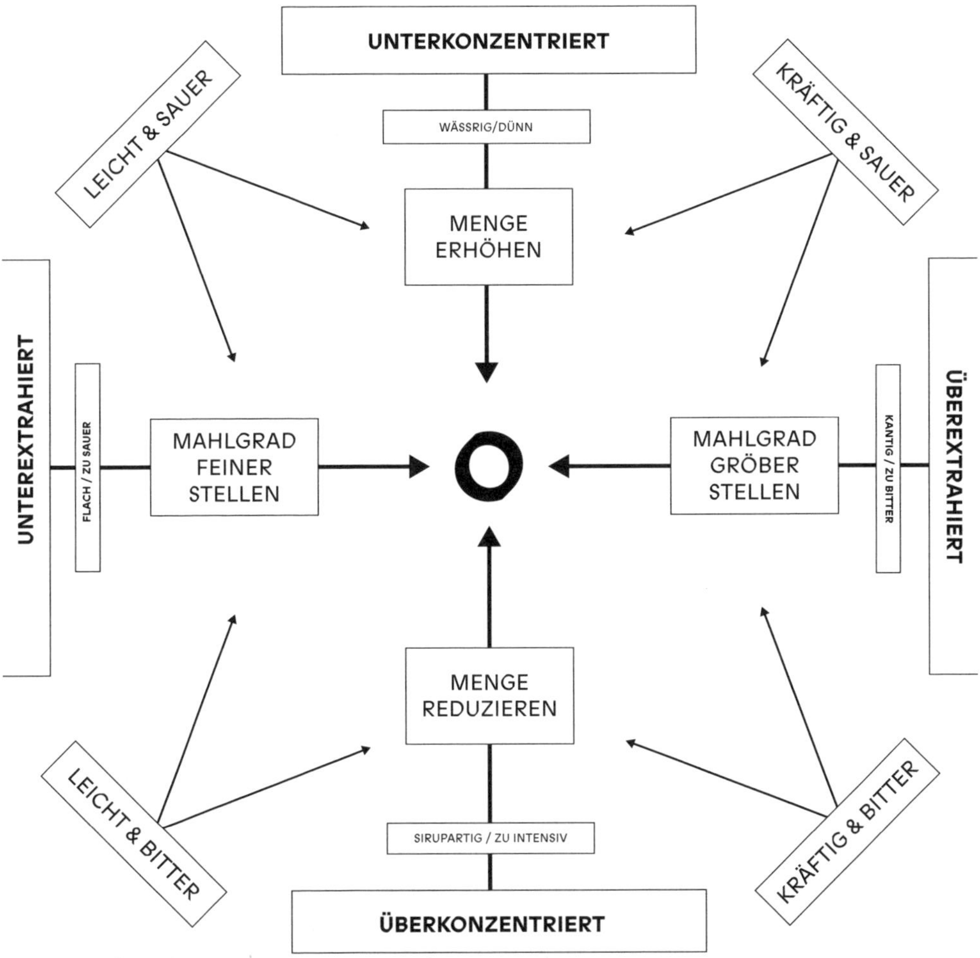
UNTERKONZENTRIERT
WÄSSRIG/DÜNN
MENGE ERHÖHEN
LEICHT & SAUER
KRÄFTIG & SAUER
UNTEREXTRAHIERT
FLACH / ZU SAUER
MAHLGRAD FEINER STELLEN
O
MAHLGRAD GRÖBER STELLEN
KANTIG / ZU BITTER
ÜBEREXTRAHIERT
MENGE REDUZIEREN
LEICHT & BITTER
KRÄFTIG & BITTER
SIRUPARTIG / ZU INTENSIV
ÜBERKONZENTRIERT

DER RICHTIGE MILCHSCHAUM

Zum Milchschäumen empfehlen wir normale **Frischmilch mit 3,5 % Fett und 3,2 % Eiweiß** zu verwenden. Wie gut Milch schäumt, hängt vom Eiweiß ab – wie gut sie schmeckt, vom Fett. Beides zusammen ergibt den cremigsten Milchschaum.

Bei **Milchalternativen** wie Mandel-, Hafer- oder Sojamilch ist ebenfalls der Fett- und Eiweißgehalt zu beachten. Produkte mit den Hinweisen „Barista“ oder „schäumfähig“ sind für diese Anwendung gemacht, da diesen Alternativen Protein zugesetzt wurde.

So gelingt der perfekte Milchschaum:

1. Milch einfüllen: Die kalte Milch in das Kännchen bis zum Schnabelanfang füllen (ca. bis zur Hälfte).

2. Streching: Die Dampfdüse knapp unter die Oberfläche der Milch führen. Dampf einschalten und die Milch mit leicht schmatzendem Ton bis ca. 1/3 mehr Menge mit Gefühl und langsam stretchen. Hier entsteht der Schaum.

3. Whirlpool: Die Dampfdüse etwas tiefer in die Milch geben (nicht ganz am Boden) um einen gleichmäßigen stillen „Whirlpool“ zu bekommen. Das sorgt für einen homogenen und stabilen Schaum.

4. Temperatur messen: Mit der Hand die Temperatur fühlen und bei 65 °C den Dampf abdrehen. Die richtige Temperatur ist erreicht, wenn man das Kännchen noch zirka 2 Sekunden fest halten kann.

5. Milch schleifen: Sofort die Milch in großen Bewegungen gleichmäßig schwenken, die Milch beginnt zu glänzen! Dadurch wird auch ein Absetzen des Milchschaumes an der Oberfläche vermieden.

LATTE ART

Latte Art ist die Kunst, durch das Eingießen der Milch, Motive in den Kaffee zu bringen. Der Kontrast entsteht durch Espresso mit Milch (braun) und Milch (weiß), nicht durch Crema. Eine zu dicke oder schaumige Crema ist für Latte Art hinderlich.

Entscheidend für Latte Art ist die **Geschwindigkeit der Milch**, die auf den Espresso trifft und der **Neigungswinkel** des Kännchens.

Durch den etwas größeren Abstand vom Kännchen zur Tasse läuft die Milch schnell in die Tasse – Oberfläche wird nicht weiß – was zum Auffüllen zu Beginn und zum Durchtrennen des Motivs am Ende des Latte Arts notwendig ist.

Bringe das Kännchen zur Tasse, halte die Tasse schief, um die Spitze des Kännchens zum Espresso zu bekommen, die Milch läuft langsam ein. Durch den Neigungswinkel des Kännchens – den Kännchenboden erhöhen – kommt Schaum aus dem Kännchen, der sich auf den Espresso legt.

Latte Art hat wenig Theorie und viel Praxis. Es ist unumgänglich ein Feingefühl für die Milchgeschwindigkeit und Kännchenposition zu bekommen. **Übung bringt den Erfolg!**

VIDEO-TIPP:

Dieses Video zeigt dir die wichtigsten Basics für einen gelungenen Milchschaum für alle Milchgetränke. Beim Schäumen entscheidet sich der Geschmack und die Konsistenz der Milch.

Guter Milchschaum

Schlechter Milchschaum

LATTE ART - GRUNDMOTIVE

Grundmotiv **Herz**

1. **Espresso auffüllen**

Füll die Tasse auf zirka 1/3 auf. Eine kontrastlose braune Oberfläche ist das Ziel.

2. **Motiv ansetzen**

Abstand zur Tasse verringern und aktiv in die Mitte der leicht schrägen Tasse eingießen. Der Schaum legt sich weiß auf den Espresso. In der Mitte bleiben, Neigungswinkel des Kännchens kontinuierlich erhöhen, um einen großen weißen Punkt zu zeichnen.

3. **Motiv vollenden**

Kurz vor Erreichen des End-Füllstands, Abstand des Kännchen zu Tasse erhöhen und mit einem dünnen, schnellen Milchstrahl das Motiv nach vorne durchtrennen.

Grundmotiv **Tulpe**

1. **Espresso auffüllen**

Füll die Tasse auf zirka 1/3 auf. Eine kontrastlose braune Oberfläche ist das Ziel.

2. **Motiv ansetzen**

Wie beim Herz aktiv in die schräge Tasse einen weißen Punkt setzten und prompt absetzten. Einen weiteren weißen Punkt mit einem kleinen Abstand zum ersten setzen und beim Eingießen gefühlvoll in den ersten schieben. Dritten Punkt setzen und in den zweiten schieben.

2.1

2.2

3. **Motiv vollenden**

Einen letzten kleinen Punkten setzen, Abstand erhöhen und mit einem dünnen Strahl alle „Punkte/Blätter“ mit einer Bewegung nach vorne durchtrennen.

3.

TIPP: Je weiter vorne der erste Punkt sitzt, desto mehr Blätter haben in der Tasse Platz.

Grundmotiv **Rosetta**

1. Espresso auffüllen

Füll die Tasse auf zirka 1/3 auf. Eine kontrastlose braune Oberfläche ist das Ziel.

2. Motiv ansetzen

Motiv ganz vorne in der Tasse ansetzen und beim Einleeren eine gefühlvolle Links-Rechts-Bewegung des Kännchens (nicht der Hand) ausführen. Durch ein zurückführen des Kännchens und Abnehmen der Schwenkbewegung, entsteht die typische pyramidenförmige Rosetta.

3. Motiv vollenden

Auf der Spitze der Rosetta einen kleinen weißen Punkt setzen, Abstand erhöhen und mit einem dünnen Strahl alle „Wellen" durchtrennen.

Auf der rechten Seite findest du **Videos** zu den unterschiedlichen Latte Art-Motiven mit ausführlicher Anleitung.

Herz

Tulpe

Rosetta

TIPPS LATTE ART

- Latte Art benötigt Übung und Geduld. Wir empfehlen mit dem Motiv "Tulpe" zu beginnen, weil es eine ideale Übung für den Ansatz des weißen Punktes ist.

- Zum Üben von Latte Art kann auch ein kalter Espresso, ohne Crema verwendet werden.

- Die Milch muss schnell oder langsam sein, nicht das Kännchen oder die Hand des Barista. Versuche beim Eingießen langsamer zu werden und mehr Fokus auf die Geschwindigkeit der Milch zu geben.

- Wird beim Motiv ansetzen zu zaghaft eingeleert, läuft nur Milch ohne Schaum aus dem unteren Teil des Kännchens. Es wird kein weißer Punkt angesetzt. Neigungswinkel des Kännchens erhöhen - mehr kippen - „kleiner Schubser“

- Durch Bewegung des Milchstrahls, beim Espresso auffüllen, auf weiße / dunkelbraune Stellen kann man diese verschwinden lassen. Grundlose Bewegung in der Tasse beim Espresso auffüllen vermeiden.

- Nimm Tassen am Henkel in der linken Hand. Beim Eingießen mit der rechten Hand auf einen 90 Grad Winkel achten, damit das Motiv am Ende gerade ist, wenn der Henkel rechts steht.

- Bei Milchalternativen kann es vorteilhaft sein, sie nach dem Schäumen kurz stehen zu lassen. Für einen besseren Glanz nach dem "schleifen".

- Latte Art schmeckt nicht – vergiss nicht, dass die Schaumkonsistenz und der Espresso für den Geschmack des Cappuccino allein verantwortlich sind.

DIE REINIGUNG & PFLEGE

Eine saubere Maschine ist die Basis für guten Geschmack und für lange Freude am eigenen Setup. Wer gründlich pflegt, spart Reparaturen und schmeckt den Unterschied.

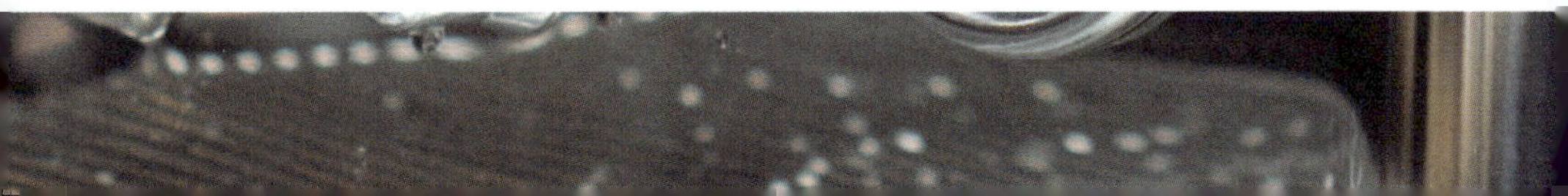

DAS PFLEGEN DER SIEBTRÄGERMASCHINE

Entscheidend für die Funktionsfähigkeit und Langlebigkeit einer Siebträgermaschine ist das System von Kalk und Kaffeeölen sauber zu halten. Das Thema Kalk wird durch das Filtern des Wassers behandelt **(siehe S. 42).** Kaffeeöle werden mit dem Rückspülen aus der Siebträgermaschine entfernt.

Führt man **täglich** (je nach Gebrauch) ein kurzes **Rückspülen** durch, wird man immer einen sauberen und aromatisch sehr hochwertigen Kaffee genießen können. Außerdem wird man dadurch mit einer langen Lebensdauer der Siebträgermaschine belohnt und es ist täglich nur ein kleiner Aufwand notwendig.

Für das Rückspülen benötigt man ein Blindsieb, ein Siebeinsatz ohne Löcher, das anstatt des Siebes in den Siebträger gegeben wird.

Vor dem Einspannen des Blindsiebs empfehlen wir mit einer kleinen Bürste die **Brühgruppe** und die **Dichtung** von groben Kaffeerückständen zu befreien. So ist man mit der gesamten Reinigung schneller.

Hierbei das Wasser laufen lassen und mit einer kleinen Bürste in **kreisenden Bewegungen** die Dusche und die Dichtung bürsten. Es lohnt sich ein kontrollierender Blick, ob wirklich alle Rückstände entfernt wurden.

VIDEO-TIPP:
In diesem Video zeigen wir dir, wie du deine Siebträgermaschine sauber hältst.

Reinigung & Flushing

Siebträger einspannen und Bezug starten, bis die **Anzeige des Manometer auf Maximal** hochgeht, 2-3 Sekunden warten und Bezug stoppen. Siebträger ausleeren. Ist das Wasser verschmutzt (bräunlich) und voller „Kaffee-Brösel“, den Vorgang wiederholen (ca. 3-4 mal).

Espressoreiniger im Blindsieb

Da Öle aus der Siebträgermaschine entfernt werden sollen, empfehlen wir **einmal pro Woche** das Rückspülen mit einem fettlösendem Espressoreiniger zu machen. Das löst auch feinere Kaffeeöle in der Brühgruppe und den Leitungen. Dazu wie beim täglichen Rückspülen vorgehen, nur dass in das Blindsieb zirka ein halber Teelöffel Espressoreiniger kommt.

Einspannen, Druckaufbau, Bezug beenden. Diesen Vorgang mindestens 3-mal wiederholen, ohne den Siebträger auszuspannen. Danach den Siebträger ausleeren und reinigen. Nun wird dieser Vorgang ohne Reinigungsmittel noch einmal wiederholt, um Reinigungsrückstände aus dem System zu entfernen.

Der Siebträger, die Siebträgerinnenseite, das Sieb, den Abwasserbehälter sowie das restliche Equipment per Hand reinigen. Empfehlenswert ist es den Siebträger, das Sieb, die Brühgruppendusche und die Dampflanze gelegentlich im Wasserbad mit Espressoreiniger über Nacht einzuweichen und diese am nächsten Tag gründlich zu reinigen.

Um die Dichtung im Siebträger zu schonen, sollte dieser bei ausgeschalteter Maschine nicht eingehängt sein.

Tipp: Bei der Dosierung der Entkalkungsmittels das Boiler-System und das Boiler-Volumen berücksichtigen.

Entkalken

Das richtige Wasser ist entscheidend für den Schutz der Siebträgermaschine. Da Espresso jedoch nicht mit vollständig mineralfreiem Wasser gebrüht wird, ist eine regelmäßige, vorsorgliche Entkalkung wichtig. So werden feine Ablagerungen gelöst, bevor sie sich festsetzen.

Beim Entkalken ist wichtig, das richtige Mittel in der passenden Dosierung zu verwenden, dabei die Herstellerangaben beachten. Auf die Haushaltsmittel Zitronensäure und Essig verzichten, weil diese zu Korrosion und Schäden an Metallen und Dichtungen führen können.

Das Entkalkungsmittel kommt in den Wassertank und muss durch die Maschine. Kontinuierlich den Bezug starten und Einwirkzeiten dazwischen lassen. Nach Durchlauf des gesamten Mittels Frischwasser - mindestens die zweifache Wassermenge jedes Boilers - durch den das System und die Boiler laufen lassen.

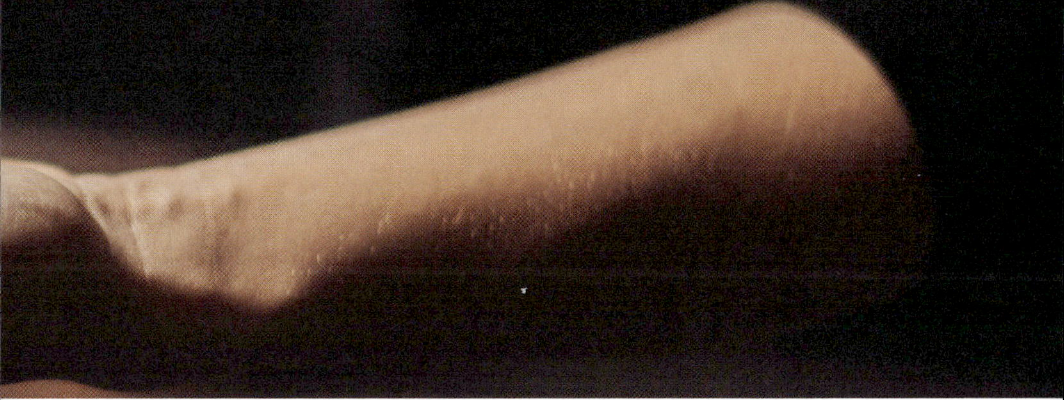

DIE AROMATIK

Ein Espresso schmeckt nicht einfach nur nach Kaffee. Dieses Kapitel hilft dir, den Geschmack bewusst wahrzunehmen und besser zu verstehen, was du da eigentlich trinkst.

DIE AROMATIK

Mit dem Abschluss der Espressoextraktion steht der **Genuss** im Vordergrund. Der Espresso oder Cappuccino muss **dir** schmecken und das ist eine ganz **subjektive Wahrnehmung**. Dennoch gibt es ein paar Punkte, auf die man beim Verkosten und Beurteilen eines Espresso achten sollte.

Unterscheide zwischen dem, was man im Mund fühlt,
und dem, was man schmeckt!

Eigenschaften wie Körper und Textur fühlt man am Gaumen. Ein kräftiger Körper kann durch einen Robustaanteil oder einen intensiven Röststil entstehen. **Bitterstoffe** merkt man insbesondere auf der **Gaumenoberseite / am Gaumen**. Der Körper wird üblicherweise als leicht, mittelkräftig oder kräftig beschrieben.

Textur wird insbesondere durch **Säuren** geprägt, diese fühlt man besonders auf der **Wangeninnenseite**. Auch wenn man geschmacklich präsente Säuren nicht mag, sind sie für einen vollmundigen Espresso wichtig. Die Textur eines Espressos kann zum Beispiel als saftig, seidig, cremig, trocken oder bitter beschrieben werden.

Unabhängig davon, besitzt ein Espresso Aromatik, die man riechen und schmecken kann. Diese kann sehr einfach oder hochkomplex sein. Als Hilfestellung empfiehlt sich der Blick auf ein **Aromarad**.

Kakaoige und nussige Aromen prägen den klassischen, **italienischen Espresso**. Feine fruchtige oder florale Noten bleiben nur in **hell geröstetem Kaffee** erhalten, was zur Folge hat, dass auch hochwertige Säuren erhalten bleiben.

Vor dem Verkosten rühre den Espresso kurz um! Aufgrund der unterschiedlichen Extraktionsphasen liegt der aromatischte Teil des Espresso unten in der Tasse und oben schwimmt der bitterste.

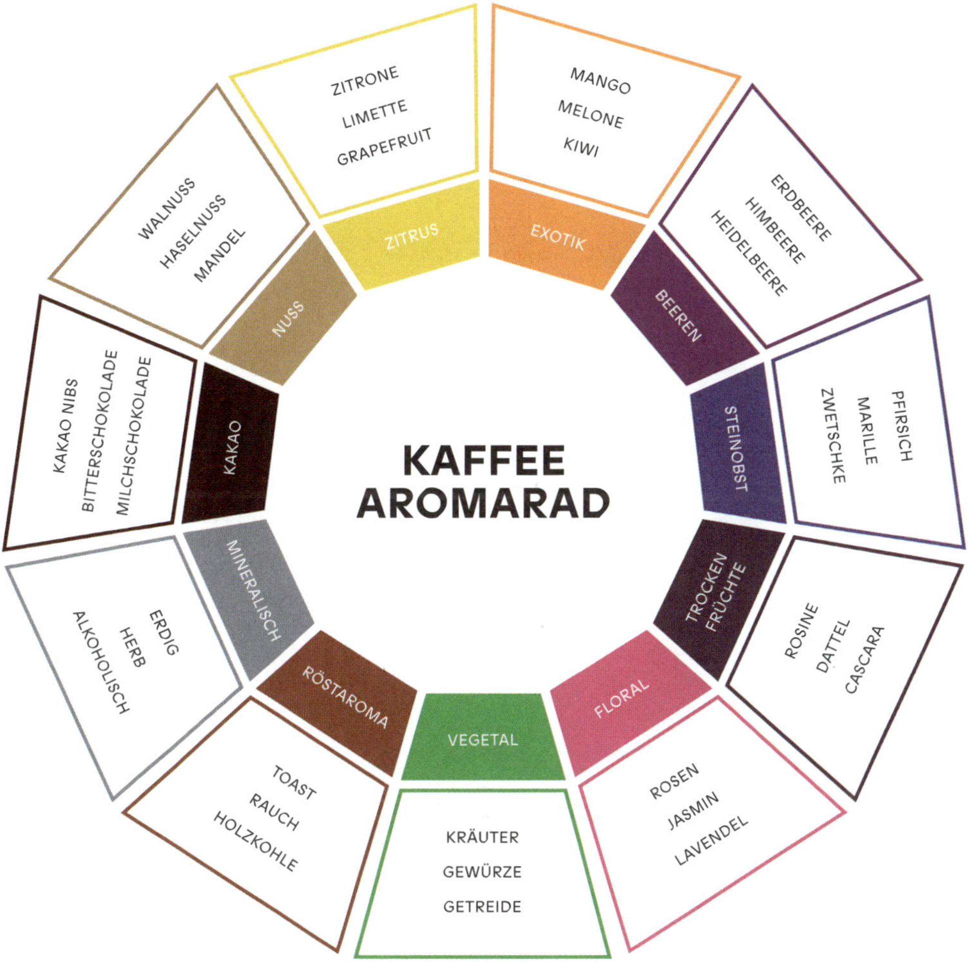

KAFFEEGETRÄNKE

Ob Espresso pur, mit Milch oder verlängert, aus der Siebträgermaschine lassen sich viele Klassiker zaubern. Hier findest du die wichtigsten Varianten auf einen Blick.

KAFFEEGETRÄNKE

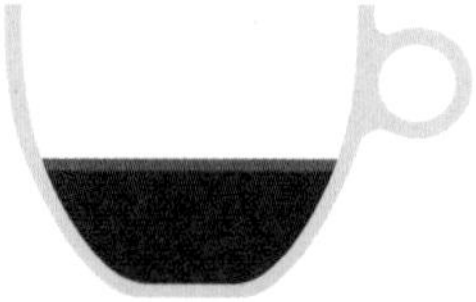

ESPRESSO

EIN ESPRESSOSHOT
20-35 ML

Ein kurzer, kräftiger Kaffee mit Ursprung in Italien. Aromatik: schokoladig bis blumig-fruchtig. Aufgrund unterschiedlicher Extraktionsphasen, vor Genuss umrühren. Ist die Basis für viele Kaffeegetränke.

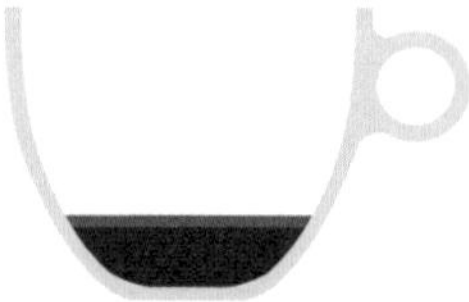

RISTRETTO

EIN HALBER ESPRESSOSHOT
15 ML

Bei etwas mehr Kaffeemenge wird der Ristretto nur mit halber Wassermenge eines Espressos extrahiert. Ein extra kräftiger, verkürzter Espresso.

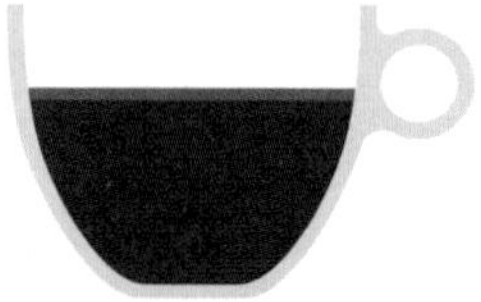

DOPPELTER ESPRESSO

ZWEI ESPRESSOSHOTS
40-65 ML

Ein großer, kräftiger Kaffee aus zwei Single Espressoshots. Aromatik von Schokolade bis blumig-fruchtig. Aufgrund unterschiedlicher Extraktionsphasen, vor Genuss umrühren. Ist die Basis für den doppelten Cappuccino.

VERLÄNGERTER

ESPRESSOSHOT + HEISSES WASSER
120 ML

Für den österreichischen Kaffeehausklassiker wird ein Espressoshot mit heißem Wasser „verlängert“. Ein aromatisch milderer Kaffee mit dem gleichen Koffeingehalt wie ein italienischer Espresso.

CAPPUCCINO

ESPRESSOSHOT + MILCHSCHAUM
200 ML

In Italien wird der Cappuccino traditionell morgens genoßen, jedoch den ganzen Tag. Aromatisch bietet der mit Milchschaum verfeinerte Espresso Nuancen von Nougat bis dunkler Schokolade.

CAFÉ LATTE

ESPRESSOSHOT + MILCHSCHAUM
300 ML

Der italienische „Milchkaffee" ist ein mit viel Milchschaum aufgegossener Espresso. Die cremige Süße der geschäumten Milch wird zart von schokoladigem Kaffeearoma begleitet.

MACCHIATO

ESPRESSOSHOT + MILCHSCHAUM
90 ML

Auf italienisch bedeutet „macchia" so viel wie „Flecken", es ist also ein mit Milchschaum befleckter Espresso. Der Hauch von Milchschaum, verleiht dem Espresso eine cremige Süße.

CORTADO

ESPRESSOSHOT + MILCHSCHAUM
120 ML

Um den bitteren Geschmack und die Säure des Espresso auszubalancieren, füllten Spanier das Glas mit ganz fein geschäumter Milch auf. Cortado leitet sich vom Verb „cortar", was so viel heißt wie verdünnen, ab.

MOCCACINO

ESPRESSOSHOT + SCHOKOLADE + MILCHSCHAUM
300 ML

Namensgebend ist der kräftige Mokka Kaffee, dessen Geschmack an Schokolade erinnert. Die Schokolade komplementiert den Latte Macchiato perfekt für einen süßen Kaffeegenuss.

LATTE MACCHIATO

ESPRESSOSHOT + MILCHSCHAUM
300 ML

Für den in Österreich als "Kaffee verkehrt" bekannten Kaffee wird zuerst die geschäumte Milch in das Glas gegeben. Danach wird ein Espressoshot eingeleert, der sich wegen dem Temperaturunterschied, zwischen Milch und Milchschaum legt.

FLAT WHITE

DOPPELTER RISTRETTO + FEINER MILCHSCHAUM
200 ML

Der „flache Weiße" hat seinen Ursprung in Australien. Durch das intensive Kaffeearoma und den sehr feinen und flüssigen Milchschaum unterscheidet sich der Flat White vom Cappuccino.

WHIPPED WHITE

ESPRESSOSHOT + MILCHSCHAUM + SCHLAGOBERS
200 ML

Er hat viele Namen und ist unverzichtbar. Zwischen Einspänner und Cappuccino verbindet er das Beste aus der österreichischen und italienischen Kaffee-kultur und schafft es in die modernen Coffeeshops.

EINSPÄNNER

ESPRESSOSHOT + VIEL SCHLAGOBERS + STAUBZUCKER
120 ML

Namensgebend waren die Kutscher einspänniger Pferdefuhrwerke, die diesen Wiener Kaffeehausklassiker mit einer Hand während der Fahrt durch die kühle Obershaube genossen. Daher wird der Einspänner traditionell nicht umgerührt.

FILTER COFFEE

HEISSGEBRÜHTER KAFFEE
100-300 ML

In unzählig vielen Varianten werden frisch gemahlene Kaffeebohnen mit heißem Wasser gebrüht. Das kann durch händischen oder automatischen Überguss oder leichten Druck durch einen Filter geschehen. Aufgrund der längeren Extraktionszeit ist der Koffeingehalt hoch.

Hier findest du **Videos** zu folgenden Zubereitungsarten:

Espresso vs. Ristretto

Verlängerter

Flat White

Cortado

Café Latte

Latte Macchiato

GLOSSAR

A

Viele Begriffe rund um Espresso klingen anfangs fremd. Das Glossar erklärt dir die wichtigsten Wörter kurz und verständlich – ideal zum Nachschlagen.

AEROBIC
Bedeutet „mit Sauerstoff". Üblich als Bezeichnung für Fermentationen in offenen Behältern

ANAEROBIC
Bedeutet "ohne Sauerstoff". Üblich als Bezeichnung für Fermentationen in vollverschlossenen Behältern

AMERICANO
Ein Espresso mit bis zu 300 ml heißem Wasser verlängert

ARABICA
Die weitest verbreitete Art der Kaffeepflanze. Wächst in höheren Anbaugebieten, dadurch oft aromareicher und säurebetonter

AUFBEREITUNG
Verarbeitungsprozess von der geernteten Kaffeekirsche zur versandfertigen Kaffeebohne

B

BLEND
Bezeichnung für die Mischung von zwei oder mehreren Kaffees unterschiedlicher Herkunft oder Art

BLINDSIEB
Siebeinsatz ohne Löcher, welches für den Reinigunsvorgang verwendet wird

BLONDING
Hellfärbung der Crema bei fortlaufender Extraktion. Alle Aromastoffe wurden aus dem Kaffeemehl gelöst

BODENLOSER SIEBTRÄGER (Titelbild)
Siebträger ohne Auslauf, mit direkter Sicht auf das Sieb

BOILER
Mit Wasser gefüllter Heizkessel, der das Wasser für Espresso und/oder Dampf temperiert

BREW BY WEIGHT
Automatische Steuerung der Bezugsmenge durch Echtzeitmessung der Espressomenge in der Tasse

BRÜHGRUPPE
Element, in dem der Siebträger eingespannt wird

C

CARBONIC
Fermentation in geschlossenen Behältern mit CO^2-Atmosphäre, erzeugt Überdruck

CASCARA
Kaffeekirschenschalen; Ein Nebenprodukt bei der natural-Aufbereitung

CHANNELING
Ungleiche Extraktion des Kaffeepucks im Siebträger. Wasserkanäle bilden sich

CO-FERMENTIERT
Fermentation von Kaffeekirschen mit Zusätzen

CREMA
CO^2, Öle, gelöste Fette, die unter Druck entweichen, mit bitteren Geschmack

D

DENATURIERT
irreversible Zerstörung der Struktur von Proteinen, zB physikalische Einflüsse wie Hitze

DIRECT-TRADE
Direkter Einkauf von Röster beim Kaffeebauer

DUSCHE
Bauteil in der Brühgruppe, der das Wasser verteilt bevor es auf den Kaffeepuck trifft

E

E61
Eine exponierte Brühgruppe, die seit 1961 von der Firma Faema hergestellt wird

ENTKALKEN
Regelmäßiges Entfernen von Kalkablagerungen in der Maschine

EXTRAKTION
Das Herauslösen von Feststoffen aus dem Kaffeemehl wie Aroma, Säuren, Bitterstoffe binden sich im Wasser

F

FERMENTATION
Vergärung während Aufbereitung. Sorgt im Idealfall für komplexes Aromaspektrum

FLOW CONTROL
Manuelle Kontrolle des Wasserdurchflusses während des Espressobezugs über ein regelbares Ventil

FLUPPER
Bauteil am Auswurf der Mühle, das statische Aufladung und Klumpenbildung reduziert

FLUSHEN
Kurzes Spülen der Brühgruppe, bevor der Siebträger eingespannt wird

G

GEWASCHEN (WASHED)
Aufbereitungsverfahren, bei dem das Fruchtfleisch abgewaschen und die Bohne anschließend getrocknet wird

GELEVELTER TAMPER
Tamper mit Auflagekante am Sieb

H

HONEY-PROCESSED
Eine "Semi-Washed" Aufbereitung, die washed und natural Prozesse kombiniert

I

IMS
Präzisionssieb-Hersteller aus Italien

K

KAFFEEMEHL
Gemahlene Kaffeebohnen

KAFFEEPUCK
Getamptes Kaffeemehl im Siebträger

KONISCH
Kegelförmig – unten schmal, oben breit

KOOPERATIVE
Betrieb für zentrale Aufbereitung und Vertrieb von Kaffee an den Bauern Kaffeekirschen liefern

KNOCK BOX
Behälter mit Querstange zum Ausschlagen des gebrauchten Kaffeepucks

L

LACTIC
Fermentation mit milchsäurebildender Bakterien

LATTE ART
Künstlerisches Motiv an der Oberfläche eines Kaffeegetränks aus geschäumter Milch

LEVELER
Werkzeug zum gleichmäßigen verteilen von Kaffeemehl im Siebträger vor dem Tampen

M

MAILLARD REAKTION
Nicht-enzymatische Bräunungsreaktion, die während der Farbveränderung im Röstprozess der Kaffeebohne auftritt

MANOMETER
Einrichtung zur Anzeige des physischen Druck im Siebträger, des Boilers oder der Pumpe

MUCILAGE
Schleimstoffe, die in der Kaffeekirsche an der Kaffeebohne liegen

N

NATURAL
Ein Aufbereitungsverfahren bei dem die ganze Kaffeekirsche getrocknet und die harte Haut anschließend abgewalzt wird

P

PID STEUERUNG
"proportional–integral–derivative" Steuerung; Elektronische Regelung des Heizstabs im Boiler zur Temperatursteuerung

PRE-INFUSION
Vorbefeuchtung (Vorbrühen) des Kaffeepucks im Siebträger bevor der Brühdruck beginnt

PRESSURE PROFILE
Regulierung des Brühdrucks während der Espressoextraktion

PRÄZISIONSSIEB
Siebeinsatz mit gelaserten Löchern

PUCK SCREEN
Feines Metallsieb, das auf den Kaffeepuck gelegt wird

PULPED-NATURAL
Eine “Semi-Washed” Aufbereitung, die washed und natural Prozesse kombiniert

R

RATIO
Verhältnis Kaffeemehlmenge im Siebträger (Gramm) zu Espressomenge in der Tasse (Milliliter)

RDT
„Ross Droplet Technique“, Besprühen der Bohne vor dem Mahlen zur Statikreduzierung

RETENTION
Englisch für Totraum

ROBUSTA
Eine weit verbreitete Art der Kaffeepflanze. Wächst in niedriegeren Anbaugebieten. Koffeinreicher als Arabica

ROR
Rate of Rise; Kennzahl für die Zunahme der Temperatur während des Röstprozesses, Einflussfaktor für das Endergebnis

RÖSTKURVE
Die Temperaturentwicklung während dem Röstprozess, Einflussfaktor für das Endergebnis

RÖSTPROFIL
Gesamtbild aller Faktoren des Röstprozesses

ROTATIONSPUMPE
Ein Pumpensystem, das einen konstanten Druck erzeugt und diesen zum Siebträger leitet. - festwasseranschlussgeeignet

S

SAUBERE STILISTIK
Harmonischer Espressogeschmack ohne Ecken und Kanten bei dem Aroma, Säuren und Bitterstoffe einen Gesamteindruck bilden

SCA
Specialty Coffee Association – weltweiter Verband und Netzwerk in der Kaffeeszene. Organisiert Schulungsrichtlinien, Messen und Weltmeisterschaften

SIEBTRÄGER
Griff, der den Siebeinsatz mit dem Kaffeemehl hält, der in die Brühgruppe eingespannt wird

SEMI-WASHED
Ein Aufbereitungsverfahren, die washed und natural Prozesse kombiniert. zB Fruchtfleisch abgewaschen und Bohnen mit Mucilage sonnengetrocknet

SINGLE DOSING
Das exakte Abwiegen und Mahlen von einer Kaffeemenge für einen einzelnen Bezug

SLOW FLOW
Langsamer Beginn der Extraktion mit reduziertem Durchfluss

STATIK
Beim Mahlen entsteht durch Reibung elektrostatische Aufladung – sie kann bewirken, dass Kaffeepartikel am Auswurf haften bleiben

SÜSSE STILISTIK
Ein süßes Mundgefühl, das in fruchtigen Kaffees auf komplexe und auserlesene Bohnen und Extraktion zurückzuführen ist

T

TAMPEN
Komprimieren des Kaffeemehls im Siebträger mit 12-15 kg Anpressduck

TAMPER
Schweres Werkzeug, das exakt in den Siebträger passt und zum Komprimieren des Kaffeemehls verwendet wird

TAMPING MATTE
Rutschfeste Unterlage zum Tampen

THERMOBLOCK
Ein Metallblock, der elektrisch erhitzt wird und durchlaufendes Wasser temperiert. Ein Druchlauferhitzer für Vollautomaten und Thermoblock-Siebträgermaschinen ohne Boiler

THERMAL SHOCK
Temperaturschock durch abruptes Kühlen von fermentierenden Kaffeekirschen

TOTRAUM
Der Bereich, in dem gemahlener Kaffee, nach dem Mahlvorgang in der Mühle zurück bleibt

TROCKENE AUFBEREITUNG
Ein Aufbereitungsverfahren bei dem die ganze Kaffeekirsche getrocknet und die harte Haut anschließend abgewalzt wird

U

ÜBEREXTRAHIERT
Eine zu intensive Espressoextraktion. Extraktionszeit zu lang. Stark bitterer, hantiger Geschmack, Vollmundigkeit fehlt

UNTEREXTRAHIERT
Eine zu geringe Espressoextraktion. Extraktionszeit zu kurz. Flacher, dünner, säuerlicher Geschmack. Körper fehlt.

V

VARIETÄT
Eine Unterart der Kaffeepflanze. Vergleichbar mit der Rebsorte der Weinpflanze

VIBRATIONSPUMPE
Ein Pumpensystem, das Wasser gegen den Kaffeepuck im Siebträger schiebt und so Druck aufbaut

VOLUMETRIC
Automatische Steuerung der Bezugsmenge durch Messung der Wassermenge

VST-SIEB
Präzisionssieb Hersteller aus USA

W

WDT
„Weiss Distribution Technique", Verteiltechnik mit feiner Nadel

WASHED
Ein Aufbereitungsverfahren bei dem das Fruchtfleisch abgewaschen und die Bohne anschließend getrocknet wird

WASHING STATION
Betrieb zur Aufbereitung der geernteten Kaffeekirschen im Anbauland

Z

ZYLINDRISCH
Zylinderförmig – gerade Seitenwände mit gleichem Durchmesser

NOTIZEN

NOTIZEN

BILDNACHWEIS

Christian Lehner	Seiten: 64-67
Clint McKoy www.unsplash.com	Seite: 8-9
Freepik	48
Eureka	32, 34-35
Lukas Jahn Photography	Coverfoto Seiten: 18-19, 27, 25, 38-39, 49, 52-53, 69, 74, 76-77, 82-83
Kaffeeothek	restliche Bilder